CONFERÊNCIA NACIONAL DOS BISPOS DO BRASIL

BATISMO DE CRIANÇAS

Subsídios teológico-litúrgico-pastorais

Documento aprovado pela 18ª Assembleia da CNBB
Itaici, 14 de fevereiro de 1980

12ª edição – 2011
5ª reimpressão – 2025

Nenhuma parte desta obra poderá ser reproduzida ou transmitida por qualquer forma e/ou quaisquer meios (eletrônico ou mecânico, incluindo fotocópia e gravação) ou arquivada em qualquer sistema ou banco de dados sem permissão escrita da Editora. Direitos reservados.

Cadastre-se e receba nossas informações
paulinas.com.br
Telemarketing e SAC: 0800-7010081

Paulinas
Rua Dona Inácia Uchoa, 62
04110-020 – São Paulo – SP (Brasil)
📞 (11) 2125-3500
✉ editora@paulinas.com.br

© Pia Sociedade Filhas de São Paulo – São Paulo, 1980

APRESENTAÇÃO

Apresentamos à Igreja no Brasil este Documento "Batismo de Crianças – Subsídios teológicos-litúrgicos-pastorais".

História

No 4º Plano Bienal dos Organismos Nacionais da CNBB, 1977-1978, constava o projeto "Celebração do Batismo de Crianças com Grupos Populares", sob o nº 1.7 do Programa I, Comunidades Eclesiais de Base.

O 1º texto foi redigido, revisto e aprovado em um Encontro de Bispos e Peritos em Liturgia, Pastoral e Meios Populares, realizado no Rio de Janeiro.

Este texto foi enviado aos Regionais para suas contribuições.

Em abril de 1979, por decisão da Assembleia da CNBB, o Documento foi examinado por uma Comissão Especial de Liturgia, integrada por representantes escolhidos pelos Regionais.

A Comissão, apesar de valorizar o Documento, julgou oportuno que ele fosse reelaborado, transferindo-se seu exame e sua votação para a Assembleia de 1980.

O novo texto foi, em novembro de 1979, examinado por uma equipe de peritos em um encontro em São Paulo e, em dezembro, enviado aos senhores Bispos.

A Assembleia Geral extraordinária da CNBB, em fevereiro de 1980, aprovou, com emendas, o novo texto por unanimidade, havendo apenas uma abstenção.

O Documento

Este Documento não desfaz o 1º Documento, de todos conhecido, sobre a Pastoral do Batismo, editado em 1973, mas o completa, com subsídios teológicos que ajudam a sua compreensão a partir dos passos progressivos da própria celebração batismal, como também com subsídios litúrgico-pastorais que ajudam sua celebração de maneira mais adaptada à cultura e à índole simples da maioria do nosso povo.

À Introdução, seguem-se três partes e uma breve Conclusão.

Na Introdução, apresentam-se os objetivos do Documento, a razão de ser da adaptação do rito, a situação da celebração batismal no Brasil, em seu contexto geral e especial, e a divisão.

Na I Parte: "Sentido teológico do sacramento do Batismo, a partir do rito", oferecem-se subsídios teológicos, percorrendo a sequência da celebração batismal, à semelhança das catequeses mistagógicas, nas quais, revelando-se o sentido dos ritos, introduzem-se os fiéis na compreensão e vivência dos sacramentos.

Na II Parte: "Sugestões para a preparação do Batismo", depois de recordar inicialmente a necessidade de uma pastoral orgânica para uma celebração ideal do Batismo, apresentam-se subsídios pastorais relativos à sua preparação remota e próxima.

Na III Parte: "Sugestões para uma celebração mais adequada do Batismo", depois de algumas observações prévias, propõe-se vários subsídios relativos à maneira de realizar cada rito da liturgia batismal.

Na Conclusão, faz-se um apelo aos agentes de pastoral e situa-se o Documento dentro do objetivo geral da Ação Pastoral da Igreja no Brasil.

Valor

O Documento respeita o Ritual do Batismo, enriquecendo-o de subsídios teológicos-litúrgicos-pastorais.

Não tem caráter obrigatório, dando liberdade aos senhores Bispos em sua aplicação.

Entretanto, sua aprovação pela Assembleia é de um valor pastoral incalculável, porque, recolhendo esforços pastorais dispersos pelo Brasil, ajuda ao mútuo enriquecimento das Igrejas e cria melhores condições, em matéria de liturgia, para uma sadia unidade na pastoral orgânica de todo o país.

Colocando este Documento nas mãos da Igreja que vive no Brasil, esperamos atender ao grande objetivo que os bispos do Brasil se propuseram: oferecer orientações para a celebração do Batismo de Crianças, de modo mais adaptado à cultura e à índole de nosso povo, em sua maioria simples.

Dom Romeu Alberti
Responsável pela linha da liturgia

INTRODUÇÃO

1. Objetivos do presente documento

1. Por ocasião da 13ª Assembleia Geral da CNBB, em fevereiro de 1973, os Bispos do Brasil aprovaram um documento intitulado "Pastoral do Batismo", inserido no opúsculo Pastoral dos Sacramentos de Iniciação Cristã, publicado na Série "Documentos da CNBB" sob o n. 2b. Visava-se, com esse documento, a "uma renovação da pastoral batismal" e "esclarecer problemas práticos, decorrentes da situação atual da Igreja no Brasil" (cf. Pastoral do Batismo, Introdução).

2. Uma recomendação, no final do documento citado, pedia a realização de duas tarefas: "Solicitamos aos órgãos competentes a preparação de orientações práticas sobre a maneira de celebrar o Batismo, bem como a tarefa de promover a adaptação do rito à cultura e índole do nosso povo" (cf. SC 37-40; ibid., n. 6,1).

3. O presente documento deseja, ao menos em parte, corresponder a esse pedido. Refere-se primariamente à liturgia ou celebração do sacramento do Batismo, tendo em vista, sobretudo, a grande maioria de nosso povo – trabalhadores rurais, operários e outros assalariados urbanos –, com o fim de oferecer pistas para adaptar a celebração ao seu mundo e à sua mentalidade. Trata-se de um esforço criativo e inicial de aculturação que apresenta, em vários

momentos, sugestões litúrgico-pastorais alternativas, a serem aproveitadas conforme as diversas circunstâncias.

2. Razão de ser da adaptação

4. Os Bispos, no Concílio Vaticano II, reconheceram a utilidade e mesmo a necessidade de adaptar a liturgia à índole dos diferentes povos. Basta lembrar duas passagens da Constituição sobre a Sagrada Liturgia: "Salva a unidade substancial do rito romano, dê-se lugar a legítimas variações e adaptações para os diversos grupos, regiões e povos" (SC 38).

5. Tanto "A Iniciação Cristã – Observações Preliminares Gerais" (n. 30-33) como a introdução ao "Rito da Iniciação Cristã de Adultos" (n. 64ss) trazem um capítulo expresso sobre as "adaptações que podem ser feitas pelas Conferências Episcopais". A tais adaptações é que se refere a recomendação do Episcopado Brasileiro transcrita acima.

6. Oferecem-se algumas pistas para as Igrejas particulares, situadas em contextos socioeconômico e religiosos tão diversificados, como as encontramos nas várias regiões do país, seja no interior, seja nos centros urbanos e suas periferias.

7. Com efeito, este sacramento merece especial atenção por duas razões: primeiro por ser celebrado com frequência. Segundo, por ser fundamental e revelador para todo o conjunto da vida cristã.

3. Situação da celebração do Batismo no Brasil

a) Contexto geral da situação

8. Poderíamos iniciar o exame da liturgia batismal no Brasil recordando o fato pastoral descrito no Documento "Pastoral do Batismo", em especial, as razões que levam os fiéis a pedir o Batismo para seus filhos (n. 1.1-3) e as atitudes dos pastores diante desse pedido (n. 4,1-4.4).

9. Nesse documento, apresentam-se razões com conotações de natureza teológica mais acentuada, razões supersticiosas, razões de cunho social e razões de ordem econômica – algumas válidas, outras questionáveis –, para, tomadas em conjunto, tentar esclarecer o fato de a populações do Brasil ser, na sua quase totalidade, uma população de batizados.

10. Em relação à atitude dos pastores, observava-se uma diversidade de linhas de ação no tocante à administração do sacramento do Batismo indo desde a negação do Batismo às crianças até à exigência de uma séria preparação, no contexto de uma renovação de toda a vida eclesial.

b) Contexto especial da situação da celebração do Batismo no Brasil

11. Voltando nossa atenção para a própria celebração do Batismo, recordamos o quadro já decidido na "Pastoral do Batismo" (n. 3), destacando quanto segue:

a) Existem comunidades eclesiais no Brasil em que a celebração do Batismo, bem como sua preparação e posterior acompanhamento, constitui um exemplo a imitar. Muitas das orientações e sugestões que aparecem neste documento já estão sendo praticadas em tais comunidades.

b) Em muitas outras comunidades eclesiais, porém, verificam-se deficiências que repercutem negativamente na vida cristã das pessoas e das próprias comunidades.

São estas as falhas que ocorrem com maior frequência:

• Preparação insuficiente, quando não inexistente, de pais e padrinhos, mais teórica que vivencial, por vezes mais burocrática que pastoral, sem o auxílio de uma equipe formada para esse trabalho, sem distinção entre cristãos afastados da Igreja e cristãos integrados na vida comunitária;

• celebração apressada ou rotineira, sem animação e entusiasmo, sem explicação do sentido dos ritos, sem distribuição de funções dentro de uma equipe de celebração, sem variação ou adaptação aos diferentes grupos; mera execução mecânica de cerimônias; leitura inexpressiva de textos;

• passividade dos presentes, muitas vezes desprovidos de participação e vivência;

• visão do Batismo como assunto individual, sem implicações para com a Igreja e cada comunidade eclesial;

• redução do Batismo a um fato social, que responde a uma tradição familiar e cultural ou a uma obrigação religiosa, desconhecendo sua natureza de celebração de um mistério, de um acontecimento religioso fundamental, isto é, a inserção em Cristo, a incorporação à Igreja, a purificação do pecado, a filiação divina etc.;

• a fragilidade ou mesmo ausência de compromisso com a educação da fé e o desenvolvimento da vida cristã e eclesial das crianças, por parte dos pais, padrinhos e da comunidade;

• a importância desproporcional atribuída aos padrinhos, em prejuízo dos pais, que são os que decidem o Batismo dos filhos e se responsabilizam pelo desenvolvimento da vida cristã iniciada no Batismo;

• a escolha de padrinhos sem levar em conta a sua situação em relação à Igreja e a sua vida cristã;

• concepções mágicas e supersticiosas acerca do Batismo, presentes tanto na solicitação do Batismo como em sua celebração;

• a evasão de cristãos menos conscientizados para outras paróquias ou dioceses onde não se fazem exigências de preparação para o Batismo;

• exigências demasiado rígidas, com o perigo de transformar a Igreja em grupo fechado (gueto), em uma atitude injusta para com pessoas não suficientemente esclarecidas.

4. Divisão do documento

12. O presente documento compreende, além da Introdução, as seguintes partes: Sentido teológico do sacramento

do Batismo a partir do rito; Sugestões para a preparação do Batismo; Sugestões para uma celebração mais adequada do Batismo; Conclusão.

I Parte

SENTIDO TEOLÓGICO DO SACRAMENTO DO BATISMO A PARTIR DO RITO

13. Na explicação do sentido teológico do Batismo, percorremos a sequência de ritos que compõem a sua celebração, à semelhança das antigas catequeses mistagógicas, com as quais se procura descortinar o sentido dos ritos e, assim, introduzir o neobatizado na compreensão e na vivência dos sacramentos.

1. Ritos iniciais

14. À porta da Igreja, o celebrante saúda as pessoas presentes e estabelece com elas um diálogo. Em seguida, o celebrante, os pais e os padrinhos traçam o sinal da cruz sobre a fronte de cada criança.

a) Recepção

15. O acolhimento exprime o ingresso na comunidade eclesial.

16. Os batizandos são recebidos à porta da igreja para significar que ainda não pertencem à Igreja, na qual entrarão pela porta do Batismo.

17. Com efeito, o Batismo é a porta de entrada para a Igreja: "É necessário que, pelo Batismo, todos sejam

incorporados nele (em Cristo) e na Igreja, seu corpo" (AG 7; cf. AG 6, PO 5, AA).

18. A porta do templo, ademais, é símbolo da entrada no Reino de Deus, no tempo e na eternidade, através da fé (cf. At 14,26) e do amor.

19. O Batismo é aquele sinal da fé sem o qual, ordinariamente, não se pode "entrar no Reino de Deus" (Jo 3,5). Por outro lado, porém, a fé, "que opera pela caridade" (Gl 5,6), pode manifestar-se, de certa maneira, até fora dos limites visíveis da Igreja, em toda boa obra em favor dos irmãos, sobretudo dos mais pobres e pequeninos (cf. Mt 25,32-40).

b) Canto de entrada

20. O canto de entrada faz eco ao apelo do salmista ao dizer: "Atravessai suas portas com louvor, os seus átrios com hinos; exaltai-o, bendizei seu nome" (Sl 99,4). "Eu me alegrei, porque me disseram: iremos à casa do Senhor" (Sl 121,1).

c) Saudação

21. O celebrante, como o pai de família, saúda os presentes em nome do Pai que nos criou e nos predestinou a sermos "conformes à imagem de seu Filho, para que ele seja o primogênito entre muitos irmãos" (Rm 8,29).

22. Recebe-os alegremente em nome da família dos filhos de Deus, reunida no Espírito Santo, à cuja frente

foi colocado para dispensar a cada um o pão a seu tempo (cf. Mt 24,45).

23. A comunidade presente, ao menos na pessoa dos pais, padrinhos, amigos e familiares, acolhe os futuros irmãos, como Jesus, "o primogênito de muitos irmãos" (Rm 8,29), acolhia as crianças: "Deixai as crianças virem a mim, não as impeçais, pois delas é o Reino de Deus. Em verdade vos digo: aquele que não receber o Reino de Deus como uma criança não entrará nele" (Mc 10,14-15).

d) Presença da comunidade

24. Batizam-se as crianças normalmente, com a presença e a participação da comunidade.

25. O homem, por natureza, necessita da comunidade. Não pode viver sozinho. Basta lembrar a família, a pequena comunidade, a sociedade civil. Uns precisam da ajuda e do apoio dos outros.

26. "Não é bom que o homem esteja só", diz Deus a respeito de Adão (cf. Gn 2,18). E dá-lhe uma companheira. No Antigo Testamento, Deus fez de Israel o seu povo escolhido e celebrou com ele uma Aliança (Ex 19–24). Constitui-o como "nação santa" (Ex 19,6). Cristo não veio para salvar a cada um isoladamente, mas "para reunir os filhos de Deus dispersos" (Jo 11,52), para que houvesse "um só rebanho e um só pastor" (Jo 10,56).

27. Pelo Batismo, homem se torna membro da Igreja, Povo de Deus. Diz o Vaticano II: "Aprouve a Deus santificar

e salvar os homens, não singularmente, sem nenhuma conexão uns com os outros, mas constituí-los num povo, que o conhecesse na verdade e santamente o servisse" (LG 9). Essa comunidade de salvação, esse Povo de Deus, é a Igreja. A ela, Jesus confiou o Evangelho e o Batismo, quando disse: "Ide, fazei discípulos todas as gentes, batizando-as em nome do Pai e do Filho e do Espírito Santo" (Mt 28,19).

28. Por tudo isso, o cristão autêntico leva uma vida de comunidade eclesial e participa regularmente de uma das comunidades locais, nas quais subsiste e opera a Igreja de Cristo (cf. SC 26, 27, 41, 42; Pastoral da Eucaristia, cap. 1º).

e) Diálogo

29. *O nome* – O diálogo sobre o nome é rico de significação. Cada ser humano é único, irrepetível, insubstituível em sua singularidade pessoal. Somos pensados e amados por Deus, desde a eternidade e para toda a eternidade nesta individualidade singular, e assim devemos ser vistos e acolhidos pelos outros. Podemos possuir coisas e delas dispor a nosso bel-prazer, usando-as, subordinando-as a nossos interesses, trocando-as. Com as pessoas, não podemos fazer o mesmo.

30. A pessoa deve ser aceita com as próprias ideias, com seus sentimentos e sua maneira de ser. A pessoa não pode ser um meio para atingirmos nossos objetivos. O outro é distinto de nós, com direito a ser quem realmente ele é, a ver reconhecida a própria autonomia, sem precisar renunciar à sua personalidade para viver e conviver.

31. O relacionamento interpessoal e comunitário, se permeado de amor autêntico, favorecerá o desabrochar do "eu" no mútuo reconhecimento e na doação desinteressada.

32. O nome exprime essa identidade pessoal a ser reconhecida pelos outros, chamada a colocar-se a serviço de todos.

33. Na comunidade eclesial, este mútuo respeito será a base de um conhecimento verdadeiro e de um amor autêntico, no qual o conhecimento deverá desabrochar. À medida que seus membros se conhecerem, sobretudo, nas comunidades menores intraparoquiais, melhor a família de Deus expressará sua união com Cristo, o Bom Pastor, que conhece as suas ovelhas e por elas é conhecido (cf. Jo 10,14). Dar a vida pelas ovelhas (Jo 10,15), amando-as como Cristo as amou (cf. Jo 15,12.17), é a consequência do conhecimento amoroso e do mútuo respeito.

34. Na Sagrada Escritura, além disso, o nome é parte essencial da pessoa (cf. 1Sm 25,25), de tal forma que o que não tem nome não existe (Ecl 6,10), sendo a pessoa sem nome alguém insignificante, desprezível (Jo 30,8). O nome equivale à própria pessoa (Nm 1,2.42; Ap 3,4; 11,13).

35. Por isso, ao dar uma missão a alguém, Deus lhe muda o nome: assim com Abraão (Gn 17,5), com Jacó (Gn 32,27ss), com Salomão (2Sm 12,25). Da mesma forma, no Novo Testamento, Jesus muda o nome de Simão para Pedro (Mt 16,18; cf. Mc 3,16-17) e os Apóstolos mudam o nome de José para Barnabé (cf. At 4,36). O nome de Jesus simboliza a sua missão: Jesus (do hebraico, *Yehoshú'a*)

significa Javé salva (cf. Mt 1,21). O nome, em outras palavras, significa a missão que se recebe na história da salvação.

36. No Batismo, reconhece-se oficialmente o nome da criança. Recorda muitas vezes o nome de um santo. Aquele que nasce para a vida da graça, no seio da Igreja, liga-se simbolicamente àquele que, depois da peregrinação da fé, nasceu para a vida da glória, animando-o com seu exemplo e ajudando-o com sua intercessão (cf. Prefácios dos Santos). Daí a conveniência de se evitarem nomes estranhos e extravagantes.

37. *Pedido do Batismo* – São os pais que pedem o Batismo para seus filhos. A criança não tem ainda consciência nem autonomia suficiente para tal ato, como, aliás, para tantos outros atos de sua vida. Vive, em tudo, na dependência dos adultos.

38. Os pais, se cristãos, não querem que seus filhos cresçam apenas física, psicológica e intelectualmente; querem vê-los crescidos integralmente. Por isso, desde muito cedo, proporcionam-lhes o Batismo, o banho de novo nascimento pelo qual, de simples criatura, a criança passa a ser filho de Deus; de simples membro da família humana, passa a ser membro vivo da família de Deus, a Igreja.

39. Ao ser incorporada a Cristo, repleta do Espírito Santo, consagrada para a vida eterna, a criança passa a possuir dentro de si um dinamismo novo, sobrenatural, a fé, a esperança e a caridade, que, a seu tempo, pela educação e pela prática da vida cristã, na família e nas demais comunidades eclesiais, irá

desabrochando em uma fé consciente e assumida, responsável e progressivamente adulta.

40. Para marcar as etapas desse desenvolvimento, renovam-se, publicamente, em determinados momentos da vida, os compromissos batismais, especialmente na primeira comunhão, na crisma e na vigília pascal.

f) A educação da fé pelos pais

41. A consequência, para os pais que pedem o Batismo para seus filhos, é o compromisso, já assumido na celebração do casamento, de educá-los na fé, dentro da comunidade eclesial.

42. A ordem de batizar em nome do Pai, do Filho e do Espírito Santo não pode ser desvinculada da missão do anúncio do Evangelho (cf. Mt 16,15), da conversão para o seguimento de Jesus, que caracteriza os verdadeiros discípulos (cf. Mt 28,19), e da orgânica educação da fé (cf. Mt 28,20).

g) A colaboração dos padrinhos

43. No cumprimento deste compromisso de educar seus filhos na fé, os pais são ajudados pelos padrinhos. Depois dos pais, padrinho e madrinha representam a Igreja, nossa Mãe, que, "pela pregação e pelo Batismo, gera, para uma vida nova e imortal, os filhos concebidos do Espírito Santo e nascidos de Deus".

h) O sinal da cruz

44. Concluem-se os ritos iniciais, marcando a fronte de cada criança com o sinal da cruz. Que significa isso?

45. Marcam-se livros, roupas, animais com o nome de seu dono ou outro sinal. Muitas pessoas andam com distintivo ou emblema de seu clube, da sua escola, da sua associação esportiva. É um sinal de pertença.

46. Na noite da Páscoa em que fugiram do Egito, os israelitas marcaram as portas de suas casas com o sangue do cordeiro pascal. Assim o anjo justiceiro, que passaria, podia reconhecer as casas dos israelitas e poupar os seus primogênitos (cf. Ex 12).

47. O profeta Ezequiel viu como Deus mandou marcar, com seu sinal, a fronte das pessoas oprimidas. Quando passaram os emissários para matar os malfeitores, sabiam a quem deviam poupar (cf. Ex 9,4-7). Da mesma maneira, serão poupados, no dia da vinda do Senhor, todos os que forem assinalados com o sinal de Deus vivo (cf. Ap 7,2-4; 9,4).

48. O sinal do cristão é a cruz de Cristo. Quem é marcado com a cruz pertence a Cristo e à sua Igreja. Não pode ser escravo de outros senhores ou adorar outros deuses.

2. Liturgia da Palavra

49. Terminados os ritos iniciais, talvez celebrados à porta do templo, no corpo da igreja proclama-se a Palavra de Deus, elevam-se nossas preces a Cristo e aos santos, e,

finalmente, unge-se o peito de cada criança com o óleo dos catecúmenos.

a) Leituras bíblicas e homilia

50. O próprio Deus dirige-nos a palavra (cf. 1Ts 2,13; Rm 10,14; 2Cor 2,17; Rm 15,18-19; 2Cor 13,3; Lc 10,16), através das leituras bíblicas, do Antigo e do Novo Testamento.

51. Enquanto as leituras nos recordam que Deus interveio realmente em nossa história, a homilia testemunha, aqui e agora, a intervenção do Deus vivo em Jesus Cristo e no dom do Espírito.

52. Em ambas as formas, a Palavra de Deus é proclamada e acolhida na fé. A realidade do Batismo só é conhecida através da fé.

53. Se todos os sacramentos nutrem, fortalecem e exprimem a fé (cf. SC 59), com muito maior razão o Batismo, que é, por excelência, o "sinal da fé" (cf. Iniciação Cristã, Observações Preliminares Gerais, n. 3).

54. A liturgia da Palavra e a liturgia sacramental formam um todo. Na celebração batismal, a liturgia da Palavra, além de seu valor próprio, prepara a liturgia sacramental, particularmente a profissão de fé, pela qual o homem responde à proposta de Deus. Ora, a fé nasce e se alimenta da Palavra de Deus, assim como a própria comunidade eclesial onde será recebido como membro vivo o batizando.

55. Além disso, os pais, ao pedirem o Batismo para seus filhos menores, assumem o compromisso de educá-los na fé. Para tanto, é preciso que conheçam e vivam melhor o conteúdo da fé cristã, expresso verbalmente na Bíblia e na pregação da Igreja.

b) Oração dos fiéis

56. Os fiéis invocam a misericórdia de Deus, conscientes de sua incapacidade e da absoluta necessidade da graça de Deus para se obter e se viver com coerência e perseverança a vida nova do Batismo: "Sem mim, nada podeis fazer".

c) Invocação dos santos

57. A invocação de Deus é seguida pela invocação dos santos, que, antes de nós e muito melhor do que nós, viveram a vida batismal neste mundo.

58. Para nós são estímulos e exemplos; junto a Deus, são nossos intercessores. Próximos de nós pela humanidade, estão próximos a Deus pela santidade. Neles, a vida batismal floresceu até a plenitude.

59. Nesse instante da liturgia batismal, a Igreja peregrina na terra se une à Igreja triunfante no céu (cf. Ap 5,8; 8,3).

60. Após a invocação de Maria, Mãe do Filho de Deus que se torna nossa Mãe no Batismo – segue-se a invocação de São João Batista, São José, São Pedro e São Paulo, e outros que podem ser acrescentados – como os padroeiros

das crianças, da igreja ou do lugar em que se celebra o Batismo –, terminando-se com a invocação de todos os santos.

d) Oração

61. Nas orações com que o celebrante conclui a liturgia da Palavra, recorda-se a missão de Cristo, libertador do pecado (1Tm 1,15) e de suas consequências (cf. Lc 4,18ss; 7,18ss), e portador da salvação.

62. Jesus Cristo, Filho de Deus, pela sua encarnação, vida, morte e ressurreição, transforma radicalmente a vida humana e o próprio universo, abrindo definitivamente toda a realidade e a história humana para o desígnio de Deus, que quer a plenitude da vida humana (cf. Jo 10,10), em uma comunhão filial para com Deus, fraternal para com os outros, senhorial para com o mundo

63. Deus "quer que todos os homens se salvem e cheguem ao conhecimento da verdade. Porque há um só Deus, e há um só mediador entre Deus e os homens, que é Jesus Cristo homem, o qual se deu a si mesmo para a redenção de todos" (1Tm 2,4-5).

64. Embora a salvação possa ser dada sem a mediação visível da Igreja e o conhecimento expresso de Cristo e de Deus (cf. LG 16; GS 22), a fé explícita e o consequente Batismo são o meio ordinário de recebê-la. É dentro destes limites que devemos entender as palavras de Jesus: "Aquele que crer e for batizado será salvo; o que não crer será condenado" (Mc 16,16); "Em verdade te digo: quem não nasce do alto não pode ver o Reino de Deus [...] quem

não nasce da água e do Espírito não pode entrar no Reino de Deus" (Jo 3,3.5).

65. O Cristo liberta do "espírito do mal" (cf. Ef 6,16; 1Jo 3,8; Mt 6,13), do "poder das trevas" (cf. Cl 1,13; Jo 8,12), do pecado (cf. Mt 9,2.6.13; Lc 5,20; 7,48 etc.), introduz no "reino da luz" (cf. Cl 1,12-13; Jo 8,12; 12,35-36.46; Ef 5,8; 1Ts 5,5; 1Pd 2,9), dá ao cristão força e proteção para fazer frente às provações e "resistir com coragem às solicitações do mal" (cf. 1Cor 10,13; 2Pd 2,9; Ap 3,10).

e) Unção pré-batismal

66. A coragem (cf. At 23,11; Ef 6,20), a força (cf. Ex 15,2; Sl 141,7; Cl 1,11; 1Cor 10,13; Ef 6,10; 2Tm 4,17; Ap 3,8), a resistência e a proteção (Sl 58,11), impetradas na oração, são significadas pelo gesto sensível da unção pré-batismal: "O Cristo Salvador vos dê sua força. Que ela penetre em vossas vidas como este óleo em vosso peito".

67. Os antigos lutadores se ungiam com óleo em todo o corpo para fortificar os músculos e para dificultar que os adversários os agarrassem. Semelhantemente, preparando-se para as lutas que deverá travar para ser fiel à vocação cristã e à missão que receberá no Batismo, o batizando é ungido no peito.

68. "Tendo recebido a couraça da justiça, resistais aos artifícios do diabo" (Ef 6,11.14; Is 11,5; 59,17; 1Ts 5,8). Revestidos da armadura de Deus (cf. Ef 6,11), os cristãos estão preparados para resistir à força inimiga e vencê-la. De seus

lábios brota um hino de confiança: "Tudo posso naquele que me conforta, o Cristo" (Fl 4,13).

3. Liturgia sacramental

69. A liturgia sacramental compreende a oração sobre a água, as promessas do Batismo, o Batismo, a unção com o crisma, a veste branca, a entrega da vela acesa e o "éfeta".

a) Oração sobre a água

70. Mesmo "durante o tempo pascal, nas igrejas em que a água foi consagrada na Vigília pascal, para que não falte ao Batismo o louvor e a súplica, faça-se a oração sobre a água…" (Rito para o Batismo de crianças, n. 55).

71. Junto à fonte batismal, o celebrante bendiz a Deus, recordando o admirável plano segundo o qual Deus quis santificar o homem, pela água e pelo Espírito.

72. Diante de nossos olhos passam as principais figuras do Batismo, presentes na história da salvação: a criação (Gn 1,2.6-10; 1,21-22), o dilúvio (Gn 7,9), a travessia do mar Vermelho (Ex 14,15-22), o Batismo de Jesus nas águas do Jordão (Mt 3,13-17), a água que correu do lado aberto de Cristo na Cruz (Jo 19,34).

73. Na ordem de Cristo, após a ressurreição – "Ide, fazei discípulos, todos os povos, e batizai-os em nome do Pai, do Filho e do Espírito Santo" (Mt 28,19) –, passa-se da figura à realidade, da prefiguração à realização.

74. O simbolismo da água é de fundamental importância para se compreender a significação do Batismo.

Mergulhar e sair da água significa morrer e ressurgir

75. "Batizar", com efeito, significa imergir ou submergir na água.

76. O Apóstolo Paulo vê no Batismo com água um sentido fundamental. Mergulhar nas águas batismais e sair delas exprime o morrer para o pecado e o ressurgir com Cristo. Morrer para o pecado, ressurgir para a vida nova em Cristo. "Com ele fomos sepultados pelo Batismo para participarmos da morte, para que assim como Cristo ressuscitou dos mortos pela glória do Pai, assim também nós, vivamos uma vida nova. Pois se fomos unidos a ele pela semelhança da morte, também o seremos pela semelhança da ressurreição" (Rm 6,4-5).

77. Diz o Concílio Vaticano II: "Pelo sacramento do Batismo, o homem é verdadeiramente incorporado a Cristo crucificado e glorificado [...] segundo estas palavras do Apóstolo: 'Com ele fostes sepultados no Batismo e nele fostes corressuscitados' (Cl 2,12; cf. 1Pd 3,21-22)" (UR 22).

78. Por sua Páscoa, ou seja, sua passagem da morte à vida, ele nos salvou. Ensina ainda o Vaticano II: "Esta obra da redenção humana [...] completou-a Cristo Senhor, principalmente pelo mistério pascal de sua sagrada paixão, ressurreição dos mortos e gloriosa ascensão" (SC 5). "Morrendo,

destruiu a morte; e, ressurgindo, deu-nos a vida" (Missal Romano, Prefácio da Páscoa I).

79. Pelo Batismo, os homens tomam parte nesta morte e ressurreição de Cristo: "Assim também vós, considerai-vos mortos ao pecado, porém, vivos para Deus em Nosso Senhor Jesus Cristo" (Rm 6,11). "O Batismo recorda e realiza o mistério pascal, uma vez que, por ele, os homens passam da morte do pecado para a vida" (Rito para o Batismo de Crianças, A Iniciação Cristã, n. 6). É por isso que, ao sermos batizados, renunciamos ao pecado e a todo mal e fazemos nossa profissão de fé, dizendo firmemente que Deus nos salva do pecado e da morte por seu Filho Jesus.

80. Observadas as devidas precauções, o rito de mergulhar a criança na água batismal e retirá-la exprime melhor esta ideia do que o derramar a água na fronte.

A água dá vida

81. A água é necessária para a vida. Sem água, morre a plantação, morrem os animais e as pessoas. Na seca, a terra se torna deserta; quando volta a chover, tudo renasce.

82. Deus criou para o homem um lugar de delícias, de onde saía um rio, dividido em quatro braços para regar o paraíso (Gn 2,10-14). Quando os profetas prometiam a salvação, comparavam esta salvação com chuvas, orvalhos, fontes e rios, que mudariam a terra seca em novo paraíso (cf. Is 35,1.6-7). A água é também sinal do Espírito Santo que dá a vida eterna (cf. Jo 7,37-39).

83. Assim, pela água do Batismo, o homem recebe a vida divina, renasce "da água e do Espírito" (Jo 3,5). "A Igreja gera para uma vida nova e imortal os filhos concebidos do Espírito Santo e nascidos de Deus" (LG 64). Quem é batizado participa de modo especial da vida de Deus (cf. 2Pd 1,4). Por isso, os batizados são de fato "filhos de Deus" (cf. Jo 1,12-13) e com razão chamam, a Deus, de Pai (cf. Rm 8,14-17; Gl 3,26ss).

84. Pelo Batismo, o homem recebe o Espírito Santo (cf. At 1,5; 4,2; 19,1-13). É o Espírito que faz do cristão filho de Deus (Rm 8,14-17; Gl 4,6). Ensina São Cirilo de Jerusalém: "A água corre sobre o corpo externamente, mas é o Espírito que batiza totalmente a alma, no interior" (PG 33,1009). Renascemos da água e do Espírito (cf. Jo 3,5); "Fomos lavados pelo poder regenerador e renovador do Espírito Santo, que ele ricamente derramou sobre nós" (Tt 3,5-6). "O que é mais importante no Batismo é o Espírito Santo, por quem a água opera" (Crisóstomo, PG 60, 21). Por isso, o cristão há de ter consciência dessa presença do Espírito Santo.

A água lava

85. Depois de um dia de trabalho, um banho de água lava o corpo e renova o espírito, dando boa disposição. As chuvas tiram o pó das estradas e da rua. É com água que lavamos a roupa, a louça e os utensílios da casa.

86. Em muitas passagens, a Bíblia fala da água que lava e limpa (2Rs 5; Zc 13,1-2; Ex 36,25). O Salmo 50 pede a limpeza interior: "Lava-me mais e mais da minha culpa e purifica-me do meu pecado" (Sl 50,2).

87. "O banho com água, unido à palavra da vida, que é o Batismo (cf. Ef 5,26), lava o homem de toda culpa, tanto original, como pessoal" (Rito para o Batismo de Crianças; A Iniciação Cristã, n. 5).

88. "Morrer ao pecado" (cf. Rm 6,2), é essa a primeira condição de quem se batiza, "porque o Senhor nos renovou no Batismo e fez de nós homens novos" (Agostinho, PL 36,966). O "homem novo" é o homem transplantado do pecado para a vida pelo Batismo, é o homem tornado filho de Deus, membro de Cristo e da Igreja, é o homem chamado a viver como cristão, e não como pagão ou pecador.

A água destrói a corrupção

89. Paradoxalmente, a mesma água que é fonte de vida também tem um poder destruidor natural.

90. Através do dilúvio (Gn 6,7), Deus quis acabar com a corrupção e a maldade dos homens. As águas da chuva subiram até cobrir tudo e todos. Somente Noé e sua família se salvaram na arca.

91. Os israelitas ficaram livres dos egípcios; atravessando o mar Vermelho a pé enxuto, ao passo que os egípcios foram sepultados nas águas (Ex 14). A água foi a salvação de Israel e a perdição dos egípcios.

92. O Salmo 68 é uma profecia da morte e ressurreição de Jesus. Os maus querem afogar o justo nas águas, mas Deus não permite. Salva-o das águas da morte, conservando-lhe a vida.

93. O Batismo é como o dilúvio, que destrói a corrupção e liberta do pecado. É início de uma nova humanidade. Exige que vivamos uma vida nova de filhos de Deus. O Batismo é como a passagem do mar Vermelho: liberta da escravidão e da maldade e introduz no reino dos filhos de Deus. Jesus Cristo é quem dá essa força ao Batismo.

b) Promessas do Batismo

94. Antes do Batismo, os pais e padrinhos, em nome dos batizados, proferem as promessas batismais, renunciando ao pecado e proclamando a fé em Jesus Cristo.

95. O Batismo infunde nas crianças uma vida nova, nascida "da água e do Espírito Santo" (Jo 3,5). Em sua condição de crianças, elas são, real e verdadeiramente, enxertadas em Cristo e na Igreja. Recebem uma vida nova, são lavadas do pecado original nas águas do Batismo, a fé lhes é infundida, são consagradas ao serviço do Reino de Deus, tornam-se templo do Espírito Santo e coerdeiras da vida eterna.

96. Não têm, porém, consciência disso, como também não tínhamos à época do nosso Batismo. Não são capazes de renunciar a nada nem abraçar compromisso nenhum.

97. Os adultos que as apresentam para o Batismo, ao renovarem as promessas do seu Batismo, assumem o compromisso de "educá-las na fé", a fim de que a vida nova do Batismo possa desenvolver-se e, um dia, ser consciente e livremente assumida pelos próprios batizados.

98. Na fé da Igreja, as crianças são batizadas; no compromisso de viverem autenticamente como filhos de Deus, como irmãos, como seguidores de Cristo, pais e padrinhos se propõem a educar a fé de seus filhos e afilhados, pelo testemunho de vida, pela palavra, pela vivência comunitária e pela participação da liturgia.

Renúncia

99. Renuncia-se ao pecado e às suas manifestações, ou, então, ao demônio, autor e princípio do pecado, às suas obras e seduções.

100. No início da história, nossos pais foram tentados (Gn 3,1-5.13) e sucumbiram (Gn 3,6). No deserto, o povo tentado cedeu às forças escravizadoras do mal (cf. Nm 11). Jesus, ao inaugurar a etapa final da história da salvação, também é tentado no deserto, antes de iniciar a sua missão, mas resiste, vence o demônio em seu próprio terreno (cf. Lc 4,1-13; Mt 4,1-11; Mc 1,12-13; Lc 11,14s). O novo Adão (1Cor 15,45; 15,21-22; Rm 5,12-21), cabeça do novo Povo de Deus (cf. Rm 9,25; Tt 2,14; 1Pd 2,910; Ap 21,3), ao passar pelas mesmas provações do primeiro Adão e do

antigo povo, resiste com a mesma naturalidade com que possui o Espírito.

101. O povo israelita esquecera sua missão e seu Deus e quer voltar às cebolas do Egito; ao ser convidado a transformar as pedras em pães, Jesus diz que não só de pão vive o homem, mas de toda palavra que sai da boca de Deus (cf. Dt 8,3), denunciando assim a tentação de querer a salvação por seus próprios meios e não por aqueles que Deus quer. Os israelitas tentaram a Deus, exigindo um sinal; recusando-se a saltar do alto do templo, Jesus recusa-se a apresentar um espetáculo sensacional (cf. Dt 6,16). Entregara-se o povo ao serviço dos ídolos; negando-se a adorar o demônio, Jesus renuncia a qualquer riqueza e dominação mundana (cf. Dt 6,3).

102. O modelo de renúncia é Jesus, o Servo de Javé. Jesus não veio para ser servido, mas para servir a Deus e ao seu povo, dando sua vida pela salvação de muitos (cf. Mc 10,45). Não usa sua condição messiânica para "matar a fome", para a "vanglória" ou para "dominar". Evita este caminho, por mais sedutor que apareça à primeira vista. Decide trilhar o caminho da pobreza, da fraqueza, do serviço simples e humilde até a morte, seu maior e decisivo serviço. "Humilhou-se a si mesmo, feito obediente até a morte, e morte de cruz" (Fl 2,8).

103. A tentação de não servir a Deus e aos seus desígnios nega a vocação fundamental do homem à filiação e à fraternidade, subtrai-se ao Espírito, que impele o homem de dentro (cf. Ez 37,14.24) a chamar a Deus de Pai (cf. Rm 8,15)

e a viver como filho de Deus (cf. Rm 8,13-14; 5,5), amando os demais como Cristo nos amou (cf. Cl 5,22; Jo 15,12).

104. Jesus é fiel até o fim à realização de sua missão em forma de servo, superando todas as tentações, não só do inimigo, mas também do seu amigo Pedro: "Afasta-te, Satanás, tu és para mim um escândalo, pois te deixas levar por considerações humanas e não por pensamentos divinos" (Mt 16,22-23).

105. São Pedro nos alerta: "Sede sóbrios e vigiais, porque o demônio, vosso adversário, anda ao redor, como um leão que ruge, buscando a quem devorar. Resisti-lhe, firmes na fé..." (1Pd 5,8-9).

Profissão de fé

106. A contrapartida da renúncia é a profissão de fé. Imediatamente antes do rito da água, os que participam da celebração do Batismo professam a fé.

107. O Batismo, com efeito, é o sacramento que proclama e celebra a fé em Cristo e em tudo o que ele fez e anunciou. É o "sinal" sacramental da fé, isto é, um rito que manifesta e realiza o que cremos, pelo poder de Cristo (Rito para o Batismo de Crianças. A Iniciação Cristã, n. 3).

108. Para alguém ser batizado, é preciso que faça sua profissão de fé. É preciso proclamar publicamente que acredita em Jesus Cristo, o Filho de Deus, que derramou sobre nós o Espírito Santo e nos quer conduzir ao Pai (cf. Mc 16,15-16).

109. "Mas como crerão sem terem ouvido falar? E como ouvirão falar, se não houver quem pregue?" (Rm 8,14). Por isso, a primeira tarefa da Igreja para com os batizandos é anunciar-lhes Cristo e seu Evangelho. É procurar que conheçam o Filho de Deus, se convertam a ele e queiram segui-lo (cf. Mt 28,19).

110. O batizando, através dos responsáveis por ele – seus pais e padrinhos –, aceita o anúncio de Cristo mediante o ato de fé e a conversão (cf. SC 6). "É necessário que todos reconheçam a Cristo e a ele se convertam e pelo Batismo sejam implantados nele e na Igreja, seu Corpo" (AG 7).

111. O Batismo é apenas o início da vida cristã. Deve ser completado pelo crescimento na fé que se celebra na Confirmação e na Eucaristia e por toda a vida do cristão. "O Batismo é só o início que tende a conseguir plenamente a vida em Cristo. Por isso, o Batismo se ordena à completa profissão de fé... e à total participação na comunhão eucarística (UR 22).

112. O Batismo de crianças, acenado no Novo Testamento, quando se fala do Batismo de "casas inteiras" (cf. At 16,15-33; 1Cor 1,16), é motivado na necessidade ordinária do Batismo para a salvação.

113. Além disso, argumenta-se, sobretudo, a partir das discussões em torno de um maior esclarecimento sobre a doutrina do pecado original, que as crianças contraem o pecado original sem culpa pessoal e, por isso, devem poder libertar-se dele, mesmo sem decisão pessoal. A fé atual, que as crianças não têm, é suprida pela fé dos pais, dos padrinhos

e de toda a Igreja, que, ao pedir o Batismo para as crianças, aceitam também a obrigação de levar a criança à plena realização pessoal, antecipando, assim, de alguma maneira, a fé pessoal futura. A fé, sendo dom de Deus, não depende dos homens, dos cuidados dos educadores e dos esforços das crianças, mas da graça de Deus. A fé, infundida no Batismo como capacidade sobrenatural, se transforma em ato sempre e somente através da graça preveniente de Deus, que, de sua parte, mantém o empenho assumido na hora do Batismo. Da mesma forma que outras capacidades e atividades, a fé será pessoalmente assumida quando o batizado for capaz de colocar atos verdadeiramente pessoais. A educação no ambiente familiar e eclesial deverá propiciar este florescimento da fé em termos pessoais.

c) Batismo

114. A liturgia sacramental culmina com o Batismo, por imersão, infusão ou aspersão, invocando simultaneamente as três pessoas da Santíssima Trindade.

115. "O banho com água unido à palavra da vida" (cf. Ef 5,26), que é o Batismo, lava os homens de toda culpa, tanto original como pessoal, e os torna "participantes da natureza divina" (cf. 2Pd 1,4) e da "adoção de filhos" (cf. Rm 8,15; Gl 4,5). O Batismo é, pois, o "banho da regeneração" (cf. Tt 3,5) e do nascimento dos filhos de Deus, como é proclamado nas orações para a bênção da água. "Invoca-se a Santíssima Trindade sobre os batizandos, que são marcados em seu nome, para que lhe sejam consagrados

e entrem em comunhão com o Pai, o Filho e o Espírito Santo..." (Rito para o Batismo de Crianças, n. 5).

116. Por que se batiza em nome do Pai, do Filho e do Espírito? Qual o significado dessa invocação?

117. O Batismo em nome do Pai, do Filho e do Espírito Santo baseia-se no mandato de Jesus, segundo o Evangelho de Mateus (cf. Mt 28,19).

118. Pelo Batismo, tornamo-nos morada da Santíssima Trindade (cf. Jo 14,15-17.23; 1Jo 2,6.24.27-28; 3,6.24; 4,12-16; 5,20).

119. O Batismo nos faz filhos do Pai, irmãos do Filho, templos do Espírito Santo.

120. Na economia da salvação, o Pai toma a iniciativa de enviar o Filho para que nos tornemos filhos de Deus (cf. 1Cor 8,6); o Filho se encarna e, redimindo-nos, abre-nos a possibilidade de nos tornarmos filhos de Deus (cf. Rm 8,14-17.28); o Pai e o Filho mandam-nos o Espírito Santo que renova os nossos corações e nos leva a dizer: "Pai" (cf. Gl 4,47).

121. Somos elevados à condição de filhos enquanto recebemos do Pai e do Filho uma participação no Espírito filial de que Cristo possuía a plenitude passando a ter para com o Pai uma relação semelhante à que Cristo tinha (cf. Mc 14,36).

122. Criado à imagem e semelhança de Deus (Gn 1,27), que é comunhão de pessoas, e, portanto, destinado a viver

em comunhão, o homem, pelo pecado, separa-se de Deus e dos outros. Desfigura-se. O Batismo transforma intrinsecamente e regenera o homem (cf. Tt 3,4-7; 1Pd 1,3-5; Jo 3,38), divinizando-o. Torna-o capaz de viver, nos limites da natureza humana, uma comunhão semelhante à comunhão trinitária, tanto com Deus como com os outros. É o Espírito Santo que une os batizados em uma família, na qual todos são chamados a viver, em Cristo, o Filho, sua comunhão filial para com o Pai e, em Cristo, o Irmão, sua comunhão fraternal com os irmãos.

d) Unção com o crisma

123.Logo depois do Batismo com água, a criança é ungida com o santo crisma.

124.*Cristo* quer dizer *Ungido*. Jesus foi ungido com o Espírito Santo (cf. Lc 4,16-22; Is 61,1-6), para realizar sua missão libertadora, como sacerdote, profeta e rei.

125.O cristão, no Batismo, torna-se membro de Cristo e de seu povo. É ungido para, como membro de Cristo e da Igreja, continuar a missão de Cristo hoje.

126.A missão que Cristo confia aos batizados é, portanto, tríplice: sacerdotal, profética e real-pastoral.

Missão sacerdotal

127.O povo cristão, por força do Batismo, oferece sua vida a Deus e aos irmãos no serviço de cada dia (cf. Rm 12,1; 1Jo 3,16) e, como fonte e cume dessa doação, participa "cônscia, plena e ativamente das celebrações litúrgicas" (SC 14). "Os fiéis são consagrados para formar um povo de sacerdotes e reis (cf. 1Pd 2,4-10), de sorte que [...] por toda parte deem testemunho de Cristo" (AA 3).

Missão profética

128. Onde quer que vivam, pelo exemplo da vida e pelo testemunho da palavra, devem todos os cristãos manifestar o novo homem que pelo Batismo vestiram (AA, 11). "Os fiéis são obrigados a professar diante dos homens a fé que receberam de Deus pela Igreja" (LG 11).

Missão real-pastoral

129. Cristo é o Rei e o Senhor do mundo inteiro. Os batizados têm a missão de se esforçar para que todos os homens aceitem e amem a Cristo Senhor (cf. AG 36). Os cristãos, vivendo seu compromisso, são como o fermento que vai transformando o mundo, segundo o plano de Deus (cf. AG 15).

130. "Além disso, o Batismo é o sacramento pelo qual os homens passam a pertencer ao corpo da Igreja, 'co-edificados para constituir a habitação de Deus no Espírito' (Ef 2,22), como 'povo santo, sacerdócio régio' (1Pd 2,9); é também o 'vínculo sacramental da unidade existente entre aqueles que com ele são marcados' (cf. UR 22). Por causa desse efeito imutável, declarado na própria celebração do sacramento na liturgia latina, quando os batizados

são ungidos pelo crisma na presença do povo de Deus, o rito do Batismo deve ser tido em alta estima por todos os cristãos, e não pode ser novamente conferido a quem já o tenha recebido validamente das mãos de irmãos separados" (Rito para o Batismo de Crianças, n. 4).

e) A veste branca

131. A veste branca que o batizando recebe é o sinal exterior da vida nova gerada pelo Batismo. Pelo Batismo, a criança revestiu-se de Cristo, vestiu o "homem novo" (cf. Gl 3,27; Ef 4,24).

132. A cor branca manifesta que o cristão já participa da ressurreição de Jesus (cf. Mc 9,13; Ap 4,4; 7,9). Ele começa uma vida nova, deixa para trás o "homem velho" (Rm 6,6), o homem entregue ao pecado.

f) A vela acesa

133. "Recebei a luz de Cristo", diz o celebrante. Os pais acendem no Círio Pascal a vela de cada criança.

134. Temos aqui o rito da luz e do fogo.

135. A luz é benfazeja. Antes que Deus criasse a luz, a escuridão cobria o mundo (Gn 1,2). O fogo ilumina e dá calor. É uma imagem do ser vivo, que se move. É também símbolo do amor ardente. Sem a luz, ninguém pode encontrar o caminho, contemplar a natureza, evitar perigos escondidos.

136. Na Bíblia, Cristo é chamado "luz para iluminar os povos" (Lc 2,32). Uma estrela brilhante conduz os Magos até o Salvador recém-nascido (Mt 2,10). A Escritura compara o céu com a luz eterna, e o inferno com as trevas exteriores (cf. Ap 22,5; Mt 25,30).

137. O próprio Cristo diz de si mesmo: "Eu sou a luz do mundo" (Jo 8,12), e dos discípulos: "Vós sois a luz do mundo. [...] Assim brilhe a vossa luz diante dos homens, para que vejam as vossas boas obras" (Mt 5,14-16). O Espírito Santo desceu sobre os Apóstolos sob a forma de fogo (cf. At 2,3).

138. No Batismo, Cristo ilumina todos os batizados com sua luz. Diz Pedro: "Cristo vos chamou das trevas para a sua luz admirável" (1Pd 2,9). E São Paulo: "Outrora, éreis trevas, mas agora sois luz no Senhor. Andai, pois, como filhos da luz" (Ef 5,8).

139. Assim, como a vela tende a difundir em torno de si a sua luz e o seu calor, também o cristão, feito membro de Cristo e da Igreja pelo Batismo, deve difundir em torno de si o Reino de Deus. Participa da missão da Igreja: "Os leigos pelo Batismo foram incorporados a Cristo, constituídos no Povo de Deus e a seu modo feitos partícipes da missão sacerdotal, profética e real de Cristo, pelo que exercem sua parte na missão de todo o povo cristão, na Igreja e no mundo" (LG 31).

g) "Éfeta"

140. O rito do "*éfeta*", em que o celebrante toca ouvidos e os lábios do batizando, recorda os gestos salvíficos de Jesus, libertando as vítimas da surdez e da mudez, que, além de seu valor próprio, remetiam para uma realidade mais profunda: a libertação da surdez e da mudez espirituais. Pede-se que o Senhor Jesus, que libertou a tantos (cf. Mt 11,4-5), abra os ouvidos do batizando para a Palavra de Deus e sua boca, para a proclamação da fé. A audição da Palavra de Deus, na fé e na caridade, deve tender à sua proclamação, pela palavra, pela vida e pela celebração.

4. Rito final

141. A celebração do Batismo termina com a oração do Pai-Nosso e a bênção às mães, aos pais, às crianças e a todos os presentes.

a) Oração do Senhor

142. A oração do Pai-Nosso é o desfecho lógico de toda a liturgia do Batismo. A criança, que se tornou filha de Deus pelo Batismo, chama a Deus de Pai pela voz de seus pais e padrinhos, com as mesmas palavras de Jesus, o Filho eterno de Deus que se fez homem. Pela primeira vez, unido a Cristo, o Filho de Deus, e aos seus irmãos, filhos de Deus em Cristo, o batizando dirige-se como filho Àquele que, por Cristo e no Espírito Santo, o gerou sobrenaturalmente, tornando-o seu filho. Como membro da família dos filhos

de Deus, ele reza a oração com a qual a família saúda o próprio Pai.

b) Bênção

143. Pelas bênçãos, agradece-se a Deus pelos bens que ele nos dá e pede-se que não venha a faltar o conjunto de bens necessários à vida do novo cristão, em tudo dependente de sua família – de modo especial da mãe e do pai – e da comunidade maior. A vida humana acha-se envolvida pela vida divina que a cria, sustenta, enriquece e plenifica. O Deus que nos quer bem, em sua bondade, não nos pode deixar sem os bens necessários à nossa bem-aventurança.

II Parte

SUGESTÕES PARA A PREPARAÇÃO DO BATISMO

144. A Pastoral da Celebração do Batismo é apenas um aspecto da Pastoral Orgânica da Igreja em seus vários níveis.

145. Para se tender a uma celebração ideal do Batismo, o presente documento poderá ser de real ajuda. Mas requer-se também a contribuição de outros setores da pastoral, orientada como um todo orgânico, tais como a ação missionária, a catequese, a pregação, a criação e o desenvolvimento de verdadeiras comunidades eclesiais de base, a diversificação dos ministérios etc.

146. Além disso, é indispensável que todos os ministros hierárquicos de uma região adotem os mesmos padrões de preparação e celebração do Batismo. A fuga de fiéis para outros lugares, onde o Batismo se celebra sem exigências, é ruptura da unidade e sinal de uma pastoral que não educa o povo.

1. Preparação remota para o Batismo

147. Aplicam-se à preparação remota do Batismo todos aqueles elementos que se afiguram de grande importância para a renovação da vida eclesial, dentro de uma pastoral orgânica e global: a luz do Concílio Vaticano II e da III Conferência Geral do Episcopado Latino-Americano em Puebla:

o relacionamento pessoal sobre o qual se deve construir todo o trabalho de evangelização; a necessidade de fazer da recepção, às vezes mecânica e passiva, dos sacramentos, uma autêntica celebração da fé; a formação de verdadeiros centros de comunhão e participação nas "igrejas domésticas", comunidades eclesiais de base, coordenadas e animadas em nível paroquial e diocesano; uma participação mais qualificada e diversificada dos leigos na Igreja e no mundo.

148. Todos os meios aptos ao alcance devem ser utilizados na educação dos fiéis para a vivência eclesial-comunitária, cuja origem e fundamento encontram-se no sacramento do Batismo, de tal forma que a Igreja possa ser, cada vez mais e melhor, sinal e instrumento de comunhão, de participação e de libertação integral.

2. Preparação próxima para o Batismo

149. Todo esforço do conjunto da pastoral resulta necessariamente em uma preparação da celebração do Batismo. Mas é necessária também uma preparação específica para este sacramento.

150. No caso de batizandos adultos, o "Rito da Iniciação Cristã dos Adultos" apresenta todo um roteiro de formação. Tratando-se de crianças, a preparação é feita, sobretudo, com os pais e os padrinhos. É importante, todavia, motivar também a participação dos outros membros da família e da comunidade eclesial de base em que a família esteja inserida.

151. Segundo o ensino e a prática autêntica da Igreja, é função dos pais e padrinhos assumir a educação cristã da criança, batizada antes do uso da razão. Durante a preparação, devem tomar consciência clara desta responsabilidade.

152. Na realidade, os principais educadores cristãos da criança serão normalmente os pais, e mais raramente os padrinhos. É, pois, com os pais que se deve ter especial atenção durante a preparação para o Batismo. O Ritual sublinha esta responsabilidade primeira dos pais, preferindo que a mãe ou pai segure a criança no momento de derramar a água (Rito, n. 60).

153. Uma equipe de agentes de pastoral, quando bem formada, será de inestimável proveito na preparação do Batismo. Esta equipe representa a comunidade no empenho de levar novos membros à fonte batismal: valoriza o leigo na Igreja; reparte as responsabilidades com o sacerdote; muitas vezes, atinge melhor a família dos batizandos que o próprio padre. O conteúdo da preparação, dentro do amplo tema do Batismo, inclua o compromisso do cristão com a Igreja e com o próximo, em uma autêntica vida comunitária.

154. Quanto ao modo de preparação, é preciso insistir que ela seja vivencial e educativa do que intelectual e instrutiva. Não se deveria falar em cursos, mas em reuniões ou encontros de preparação, nos quais haja reflexão, diálogo, oração e alguma celebração. Muito recomendáveis são as visitas às famílias dos batizandos, com o fim de integrá-las melhor à comunidade eclesial por laços de verdadeira amizade e de fé.

155. Onde for necessário, faça-se uma preparação mais longa dos pais (cf. Ritual para o Batismo de Crianças. Observações Preliminares, n. 25). Ao lado da preparação, serão ajudados a crescer na vida cristã, e a criar, assim, um ambiente familiar propício ao desenvolvimento da graça batismal de seus filhos.

3. Preparação e rito em etapas

156. A preparação em etapas, com ritos, é o procedimento normal no Batismo de adultos.

157. No Batismo de crianças, esta modalidade serve a mais de um objetivo: preparar melhor os pais para o cumprimento de sua importante missão; aproximar da comunidade eclesial todas as famílias, especialmente as mais afastadas, a fim de conhecer mais exatamente suas condições de vida.

158. Recomenda-se esta modalidade de preparação, integrando palestras; orações e ritos, inclusive para os casos normais de pais já preparados.

159. Tratando-se de famílias afastadas da convivência eclesial, o período de preparação deve estender-se por um espaço de tempo maior. Neste caso, sobretudo, é muito eficaz a associação de palestras com orações e ritos adaptados ao nível de consciência eclesial dos participantes.

160. Cabe ao ministro ou responsável pelo catecumenato batismal adaptar as etapas a cada família.

161. Damos alguns exemplos de ritos que poderiam ser associados a palestras durante a preparação ao Batismo.

A forma e o número de uma utilização ficam a cargo dos agentes pastorais. Não serão viáveis em toda parte. Principalmente, é preciso averiguar as reais possibilidades das famílias dos batizandos e dos agentes de pastoral.

a) Inscrição do nome

162. Nesta etapa, os filhos são apresentados à comunidade, dentro da celebração da missa ou do culto, após a homilia e antes da oração dos fiéis. Cada família entrega a ficha completa de seu filho, para a futura inscrição no livro de batizados. Esta ficha deve concordar com os dados do registro civil. Estabelece-se um diálogo com os pais sobre o valor da iniciativa que estão tomando de pedir o Batismo para seus filhos e as responsabilidades daí decorrentes. Recebe-se a promessa dos pais de prepararem-se devidamente para o Batismo dos filhos. Eventualmente, dá-se uma bênção especial para os pais e os filhos, no fim da celebração.

b) Reuniões comunitárias ou visitas domiciliares

163. Na casa dos pais ou na igreja, faz-se uma leitura bíblica relacionada com o Batismo, conversa-se sobre o sentido da Palavra de Deus em nossa vida, alertando os pais para a responsabilidade que têm de transmitir o Evangelho aos filhos, pela palavra, mas, sobretudo, pela vida.

164. Pede-se realizar o rito do "éfeta", segundo o Ritual do Batismo de Adultos (n. 83) e o rito da imposição do sinal da cruz, segundo o Ritual do Batismo de Crianças (n. 41). Como sinal do compromisso dos pais em preparar-se

convenientemente para o Batismo dos filhos, eles poderiam dirigir-se à estante da leitura e beijar a Bíblia.

c) *Entregas*

165. A preparação por etapas, com ritos, culminaria com a entrega do Símbolo e do Pai-Nosso, conforme o Rito da Iniciação Cristã dos Adultos (n. 181-192).

Os ritos realizados durante a preparação poderão ser repetidos ou omitidos na celebração do próprio Batismo.

III Parte

SUGESTÕES PARA UMA CELEBRAÇÃO MAIS ADEQUADA DO BATISMO

1. Observações prévias

a) O Batismo como entrada na Igreja e na comunidade

166. Na celebração do Batismo, é importantíssimo realçar que este sacramento é a porta de entrada para a Igreja, Povo de Deus e Corpo de Cristo. Ora, a Igreja não subsiste em forma de indivíduos avulsos, mas se organiza em comunidades locais, maiores e menores, como as dioceses, paróquias, comunidades eclesiais de base e famílias. Os batizandos devem, pois, normalmente receber o Batismo na própria comunidade, e não fora dela; por exemplo, em algum santuário ou maternidade ou em outra paróquia.

167. O Rito atual do Batismo de crianças exprime apenas vagamente a entrada do batizando na Igreja. Como se poderia tornar mais explícito este aspecto fundamental do Batismo?

A seguir, algumas sugestões:

168. Por princípio, batizar as crianças nas próprias comunidades locais.

169. Normalmente, devem estar presentes os pais (pai e mãe) das crianças, pois terão parte notável na celebração e assumirão compromissos especiais.

170. Onde for viável, celebre-se o Batismo, ao menos de vez em quando, em uma missa dominical, em que se faz a aspersão da água, conforme o Missal prevê (cf. Rito para Batismo de Crianças, n. 29).

171. Os pais, em cerimônia própria, podem apresentar seus filhos à comunidade, durante uma missa dominical, depois da homilia e antes da oração dos fiéis. Nessa ocasião, pode-se fazer a inscrição prévia e a cerimônia do diálogo inicial sobre o nome.

172. Os pais e padrinhos sejam acolhidos cordialmente à porta da igreja e tomem parte na procissão de entrada.

173. Dê-se preferência à celebração do Batismo simultâneo de várias crianças.

174. Sempre que possível, nas saudações, nas exortações e orações, mencione-se claramente o nome da comunidade em que se realiza a celebração.

175. À entrada da igreja, podem ser colocados cartazes representando uma família, um povo em marcha, uma comunidade reunida. Retratos do papa e do bispo diocesano mostrariam a unidade da comunidade local com a Igreja particular e com a Igreja universal.

176. Para mostrar que o Batismo é o primeiro passo para a vida sacramental, pode-se levar uma das crianças até o altar, explicando o sentido deste gesto.

b) *Promover a participação segundo a índole do nosso povo*

177. Sendo que a maioria dos nossos fiéis pertence às camadas populares, é imprescindível, na celebração do Batismo, como, de resto, em toda a pastoral, respeitar maneira própria de ser e de expressar-se.

178. O homem do povo é, em primeiro lugar, o homem do "agir" e do "fazer". Prefere gestos e símbolos às muitas palavras. Convém, pois, na celebração litúrgica, dar-lhe muitas ocasiões de participar por meio de gestos e atitudes corporais.

Para tanto, sugerimos o seguinte:

179. Valorizar as procissões durante o desenrolar da cerimônia: da porta de entrada no centro da igreja, na passagem dos Ritos Iniciais para a Liturgia da Palavra; do centro da igreja para os bancos em frente do presbitério, durante a primeira parte da liturgia sacramental; daí à fonte batismal, no momento do Batismo; e, por último, ao altar, formando um círculo em redor dele.

180. Dramatizar as leituras bíblicas, propiciando a participação de vários leitores.

181. Fazer com que os pais e padrinhos acendam juntos a vela no Círio Pascal e a segurem juntos, em seguida.

182. Dar tempo suficiente para que os pais e os padrinhos marquem, com o sinal da cruz, a testa de seus filhos e afilhados; valorizar gestos como as unções, acender a vela no Círio Pascal e colocar a veste branca.

183. O homem do povo exprime-se de modo concreto, contando fatos reais, sem longos raciocínios abstratos. Por isso, na homilia, nas preces e nos comentários dos ritos, mas, especialmente, durante toda a preparação, é muito importante mencionar fatos concretos, solicitar breves depoimentos e apresentar exemplos tirados da vida do povo.

184. É sabido que o povo alimenta um forte sentimento de solidariedade, que se traduz em mil gestos de apoio mútuo. Essa qualidade pode ser enriquecida sob o impulso da caridade cristã e do espírito comunitário-eclesial. Acentue-se, pois, na celebração do Batismo, a dimensão comunitária deste sacramento, conforme se explicou acima.

São meios aptos para isso:

185. A escolha de padrinhos que se destaquem pela participação na vida comunitária e na solução de problemas comuns.

186. A participação da família dos batizandos na celebração do Batismo das crianças.

187. A celebração do Batismo na comunidade eclesial de base, onde os laços de comunhão são mais fortes, ou, pelo menos, a presença de representantes das várias comunidades do Batismo celebrado na sede da paróquia.

188. A acolhida dos batizandos à porta da igreja pelo pároco e pela equipe responsável pelo Batismo, tanto na fase preparatória como durante a celebração.

189. Toda complexidade e multiplicidade de ritos e palavras causa confusão na mente do povo. Evitem-se, portanto, os longos monólogos do celebrante, o acúmulo de ritos, a linguagem e o vocabulário alheios ao falar comum do nosso povo. Um animador ou comentarista pode ser de muito proveito na explicação e introdução dos ritos. Deve-se preferir o tom pessoal e informal, que comunica mais, ao linguajar literário e artificial.

c) *Cantos apropriados*

190. O uso de cantos apropriados facilita e aumenta a participação do povo na liturgia. Apropriados são os cantos litúrgicos que exprimem louvor, súplica, ação de graças. Mensagens evangélicas, conteúdos catequéticos, pequenos conteúdos doutrinários podem ser muito bem transmitidos pelo canto.

191. Instrumentos musicais poderão animar o canto.

192. O Ritual do Batismo permite, por exemplo, cantar um canto alegre de entrada, um canto de meditação após a leitura, um canto de agradecimento a Deus pela água, um ato de fé, uma aclamação após o Batismo, um canto de agradecimento e um hino à Virgem Maria, entre outros.

d) *Clima de alegria*

193. O Batismo é morte e ressurreição com Cristo. Por conseguinte, o clima geral de toda a celebração deve ser de alegria, festa, ressurreição, esperança, e não de tristeza, apatia, pressa, formalidade.

194. No momento de derramar a água, ou logo após a celebração, um alegre toque do sino traduz, em algumas comunidades, o júbilo pelo renascimento de mais um filho. Um cântico apropriado também ajudará o clima de alegria. Em alguns lugares, soltam-se foguetes.

195. Concluída a cerimônia, dê-se o abraço da paz e, onde for costume, a comunidade presente felicita a família do batizado.

196. Algumas comunidades celebram a alegria do Batismo realizando uma festinha comunitária nos dias de batizados. Deve-se ao menos lembrar ao povo o significado das festividades que já se fazem, tradicionalmente, em seus lares, por ocasião de um batizado.

e) *Ministros do Batismo*

197. "Os bispos, os presbíteros e os diáconos são os ministros ordinários do Batismo. Em cada celebração desse sacramento, lembrem-se de que operam na Igreja em nome de Cristo e pela força do Espírito Santo. Por conseguinte, sejam cuidadosos na administração da Palavra de Deus e na celebração do mistério. Que evitem a todo custo qualquer censura razoável dos fiéis por acepção de pessoas"

(cf. SC 32; GS 29) (A Iniciação Cristã, Observações Preliminares Gerais, n. 11).

198. É, porém, muitas vezes aconselhável, dada a nossa realidade pastoral, que, nas paróquias com muitas comunidades ou nos grandes centros divididos em setores ou áreas de evangelização, sejam formados ministros leigos do Batismo que disponham de tempo para preparar e realizar o Batismo. Uma Igreja, verdadeiramente Povo de Deus, incentiva seus membros a que assumam tarefas diversificadas.

199. Os ministros sejam aceitos e indicados pela comunidade e por seu pároco, e instituídos pelo bispo.

200. A fim de aprimorar a formação e a experiência desses ministros, convém promover encontros periódicos com eles.

201. Evite-se o perigo de clericalizar os leigos, e se instruam os fiéis sobre a plena validade do Batismo celebrado pelos ministros leigos, nas condições previstas pelo direito.

202. Em vista dessa situação, "todos os leigos, uma vez que são considerados membros de um povo sacerdotal [...], procurem aprender, conforme sua possibilidade, a maneira correta de batizar em caso de necessidade" (cf. Rito para Batismo de Crianças, n. 17).

f) A equipe de celebração

203. A comunidade paroquial designa algumas pessoas que formem uma equipe para cuidar dos vários aspectos da celebração: arrumação da igreja, acolhida, canto, leituras,

comentários, ajuda ao celebrante, aos pais e aos padrinhos. Essa equipe pode coincidir ou não com o grupo de agentes de pastoral que preparou as pessoas para o Batismo.

204. Tal distribuição de tarefas valoriza as pessoas, desperta o interesse e a participação e tem fundamento teológico na diversidade de ministérios com que a Igreja é enriquecida (cf. SC 14, 26 e 28).

2. Os ritos do Batismo

a) Ritos iniciais

205. *Recepção* – Os pais e padrinhos podem aguardar, junto à entrada da igreja, a chegada do celebrante com a equipe do Batismo.

206. *Canto de entrada* – Pode-se também organizar uma procissão de entrada dos pais, dos padrinhos e das crianças, enquanto se entoa um alegre canto de Batismo ou de convite à reunião da comunidade. O celebrante e seus ministros recebem o grupo no interior da igreja. Se o número de batizados for grande, não permitindo a procissão, haja sempre um bom acolhimento. A procissão poderá ser feita com apenas a família de um batizando, representando as demais.

207. *Saudação* – O celebrante saúda os pais e os padrinhos com um aperto de mão, quando possível, e com palavras amigas. Depois, incentiva a todos os presentes com palavras como estas: "Sejam bem-vindos. A comunidade estava ansiosa por recebê-los. Vocês se prepararam seriamente...".

208. *Diálogo* – Segue o diálogo sobre o nome da criança, o pedido do Batismo e advertência sobre o compromisso que pais e padrinhos vão assumir. De preferência, tudo se faça em forma de diálogo direto e simples, usando a terceira pessoa, com expressões como estas: "Que nome deram para a criança?", "Qual o nome da criança?", "Como se chama a criança?", e a seguir: "O que vieram pedir à Igreja de Deus para seu filho?", "Por que vieram à casa de Deus hoje?". Em algumas regiões do Brasil, a forma usual de tratamento é a segunda pessoa.

209. *Sinal da cruz* – Encerram-se os ritos iniciais, traçando o sinal da cruz sobre a fronte de cada criança. O gesto de traçar a cruz sobre a fronte deve ser feito pelo celebrante, pelos pais e pelos padrinhos. Tal gesto se presta admiravelmente a uma pequena catequese sobre a redenção e pertença a Cristo.

210. Se os ritos iniciais foram realizados à entrada da igreja, faz-se, neste momento, uma procissão até o centro da igreja.

b) Liturgia da Palavra

211. *Importância da liturgia da Palavra* – Uma forma de realçar a importância da palavra seria trazer processionalmente a Bíblia até o centro da igreja, dando uma brevíssima explicação deste rito.

212. Onde for possível, convém que um dos pais faça uma das leituras. No fim, para melhor exprimir sua adesão

e compromisso, os pais beijam a Bíblia ou realizam outro gesto adequado

213. Se o Batismo for celebrado em uma missa dominical, convém que se leia o Evangelho do domingo, para acompanhar a liturgia dominical, escolhendo-se um texto batismal para a primeira ou segunda leitura.

214. As leituras sejam ordinariamente introduzidas com breves palavras, aptas a prender a atenção dos ouvintes e a facilitar a compreensão do texto.

215. A proclamação da Palavra de Deus seja feita da melhor maneira: clara, pausada, comunicativa. A repetição, às vezes, agrada e aproveita mais ao povo do que a multiplicidade ou extensão dos textos.

216. Nunca se omita a proclamação do texto bíblico, embora possa, a seguir, ser recontado ou parafraseado por um ou mais dos presentes.

217. Além das versões da Bíblia já admitidas para a liturgia, pode-se usar qualquer outra versão aprovada por autoridade eclesiástica e que seja mais adequada à cultura e à linguagem dos ouvintes.

218. *Homilia* – Na homilia, seria interessante oferecer a todos (pais, padrinhos e equipe de Batismo) a possibilidade de dar testemunhos sobre a preparação que se faz e de participar na reflexão sobre o texto sagrado.

219. Não se deixe de apontar também os deveres da comunidade inteira para com os recém-batizados.

220. Depois da homilia – convenientemente breve –, o Ritual sugere uma oração em silêncio. Esse silêncio talvez seja mais proveitoso durante ou após a ladainha.

221. *Oração dos fiéis e ladainha* – a ladainha, enriquecida pela invocação dos santos padroeiros das crianças e da comunidade local, lembra que formamos uma só Igreja com os santos. A ladainha poderá ser cantada.

222. *Conclusão da liturgia da Palavra* – Apesar de termos, na XI Assembleia Geral da CNBB, em 1970, permitido a omissão da unção pré-batismal no caso de serem muito numerosos os batizando, essa permissão deve ser interpretada restritivamente, de modo que não se perca, pelo desuso, a riqueza de conteúdo deste gesto. A unção pré-batismal é muito apreciada pelo povo. É sinal da força de Cristo adentrando na criança. O comentador, como em outros momentos da celebração, poderá intervir, esclarecendo os presentes sobre o significado deste gesto, aliás, muito diferente da unção pós-batismal.

223. Terminada a liturgia da Palavra, todos, ou, pelo menos, o celebrante, os pais, os padrinhos e as crianças, dirigem-se ao local do Batismo, normalmente situado no presbitério.

c) *Liturgia sacramental*

224. *Bênção da água* – Por este rito, agradece-se a Deus pelo dom da água e invoca-se a força do Espírito Santo. Como participação de todos na invocação do Espírito Santo,

poderia haver orações espontâneas ou um canto, como "A nós descei, divina luz".

225. A ligação entre Batismo e ressurreição se exprime pelo rito de mergulhar o Círio Pascal na água do Sábado Santo. Este rito poderia ser repetido aqui.

226. *Promessas batismais: renúncia e profissão de fé* – A exortação que se faz aos pais e padrinhos, antes de receber deles a renovação das promessas batismais, deve deixar claro o empenho dos pais e padrinhos em viver o próprio Batismo, de modo que sejam capazes de educar cristãmente seus filhos e afilhados. A renovação das promessas batismais é ocasião de os pais e padrinhos, e de toda a comunidade, reassumirem conscientemente a graça de seu Batismo e o compromisso de vivê-la.

227. *Renúncia* – Em lugar da palavra "renunciar", pode-se usar outra expressão, como "lutar contra", "desistir de", "não querer nada com", "combater".

228. Conserve-se a palavra "demônio". É muito concreta e popular, ainda que seja necessário esclarecer a fé do nosso povo a respeito.

229. Na renúncia, é útil mencionar, como recomenda o próprio Ritual, alguns pecados que mais ocorram na comunidade. Os próprios pais e padrinhos, durante a preparação para o Batismo, podem sugerir quais sejam estes pecados. As renúncias ou promessas que as manifestam poderão, pois, ser de várias formas, além das previstas no Ritual.

230. *Profissão de fé* – Convém, conforme as circunstâncias, acrescentar aos textos da profissão de fé, para torná-lo mais acessíveis ao nosso povo, o que segue:

– Vocês acreditam em Deus Pai, que fez tudo o que existe, que nos ama e deseja a felicidade de todos os seus filhos?

– Acreditamos.

– Vocês acreditam em Jesus Cristo, Deus Filho, que se fez homem como nós, nasceu da Virgem Maria, sofreu e morreu para nos salvar, foi sepultado, ressuscitou dos mortos e subiu ao céu?

– Acreditamos.

– Vocês acreditam em Deus, Espírito Santo, que mora em cada um de nós e dirige invisivelmente a Igreja?

– Acreditamos.

– Vocês acreditam na Igreja Católica, pela qual cada um de nós é responsável?

– Acreditamos.

– Vocês acreditam que nós, aqui na terra, vivemos uns dependendo dos outros e em união com os que já estão junto com Deus?

– Acreditamos.

– Vocês acreditam que Deus perdoa os pecados, quando nos arrependemos e nos confessamos?

– Acreditamos.

– Vocês acreditam que os mortos vão ressuscitar com Jesus e que os bons vão entrar na vida eterna?

– Acreditamos.

– Vocês acreditam que Jesus está presente na Eucaristia como nossa oferta a Deus e nosso alimento?

– Acreditamos.

– Vocês acreditam que o papa e os bispos continuam a missão dos Apóstolos e de Pedro, mantendo a Igreja unida e fiel?

– Acreditamos.

– Vocês acreditam que a família deve ser uma comunidade de vida e de amor, e é a primeira responsável pela vida cristã de seus membros?

– Acreditamos.

231. A realização de um gesto concreto, durante a renúncia e a profissão de fé, como colocar a mão sobre a Bíblia ou sobre a cruz, no caso de os batizandos serem poucos, ou de manter a mão estendida em direção ao altar ou ao sacrário, no caso de serem muitos os batizando, reforçará o sentido deste rito. Pode-se pronunciar as promessas falando ou cantando.

232. *Batismo* – O celebrante alerta para a importância do momento. O rito da água é o ponto culminante da liturgia batismal.

233. A pergunta: "Vocês querem que seu filho seja batizado nesta mesma fé da Igreja que acabamos de professar?" – dirigida aos pais – lembra, mais uma vez, a responsabilidade que eles e os padrinhos estão assumindo.

234. Sendo possível, o acólito pode chamar as crianças uma a uma pelo nome, ou pelo nome dos pais, para que se aproximem da pia batismal.

235. No momento do batizado, e preferível que a própria mãe segure a criança, uma vez que são os pais que pedem o Batismo para seus filhos e são os principais responsáveis por seu crescimento na fé. Os padrinhos devem tocar a criança. Caso não haja incompreensão do gesto, conforme os costumes locais, o pai também deve tocar a criança.

236. A pia batismal pode ser um recipiente ou ainda uma fonte da qual jorra água continuamente. Ambos devem apresentar-se limpos e belos. O espaço destinado ao Batismo deve conter o maior número possível de pessoas presentes (cf. Iniciação Cristã – Observações Preliminares Gerais, n. 25). Leve-se isso em consideração na construção de novas igrejas e na reforma de antigas.

237. Ensine-se ao povo a usar a água benta como recordação do Batismo e dos compromissos batismais nele assumidos. Na missa dominical, use-se, de vez em quando, o rito do "asperges" como lembrança do Batismo, no início da celebração.

238. *Unção com o crisma* – Convém lembrar que esta unção é o sinal da verdadeira consagração a Deus que o Batismo realiza, tornando os batizandos participantes da missão profética, sacerdotal e real de Cristo, o Ungido.

239. Para que o rito seja mais expressivo, use-se realmente óleo, e não apenas algodão umedecido com pouquíssimo

óleo. O algodão que se usa é para secar o dedo do celebrante, não para enxugar o lugar da unção.

240. *Veste branca* – A imposição da veste branca oferece algumas dificuldades práticas. Por isso, ou se procure realizar bem esse rito ou se omita.

241. É bom lembrar que esse rito será mais significativo se a criança for revestida com a veste branca neste preciso momento. Contudo, é mais prático que as crianças estejam vestidas de branco desde o início da celebração. Os pais e os padrinhos devem ser orientados sobre esse assunto na preparação para o Batismo, para que não comprem enxoval de outra cor para as crianças.

242. Deve ser abolido o costume de impor à criança um simples lencinho branco ou uma toalha em lugar da veste verdadeira. As igrejas poderiam ter uma "veste", aberta nas costas, que se usasse por cima da roupa da criança.

243. *A vela acesa* – O Círio Pascal é símbolo de Cristo, vivo e ressuscitado, luz do mundo. O batizado é iluminado pela verdadeira luz, que é Cristo. A vela acesa também representa a fé viva, o amor ardente, a vida cristã em geral.

244. Os pais e padrinhos acendem suas velas no Círio Pascal, exprimindo, assim, o seu compromisso de manter acesa a chama da fé em si mesmos e na criança.

245. Oportunamente, pode-se aproveitar algo da liturgia do Sábado Santo, como, por exemplo, levantar o Círio Pascal e cantar: "A luz de Cristo", enquanto todos respondem: "A Deus damos graças", ou então: "Ilumine-nos, Senhor".

246. Se o Batismo for realizado à noite, podem-se apagar as luzes e deixar que o Círio Pascal ilumine todo o ambiente.

247. Recomende-se aos pais que guardem a vela batismal, para que a criança a use por ocasião da primeira comunhão.

248. *Éfeta* – Este rito, apesar de ser significativo, no Ritual do Batismo para o Brasil não é obrigatório.

d) Ritos finais

249. *Procissão até o altar* – A procissão com canto e velas acesas até o altar significa a comunhão de todos em Cristo, a quem o altar simboliza, e o direito que as crianças batizadas têm de participar do culto cristão, sobretudo da Eucaristia.

250. Os filhos têm direito à mesa da família. Pode significar também que pertencem à comunidade eclesial. Não viverão o cristianismo isoladamente, mas em comunidade, uma vez que, em Cristo, são filhos do mesmo Pai e irmãos entre si.

251. A procissão até o altar significa também que os pais e padrinhos devem acompanhar a criança, pelo ensino e testemunho de vida, especialmente no período de formação, levando-a à maturidade cristã.

252. *O Pai-Nosso* – A exortação exprime a ideia de que o Batismo é a porta para os demais sacramentos e para a vida em comunidade eclesial. O Pai-Nosso é um resumo do Evangelho e é a oração que os cristãos rezam, desde a antiguidade, antes das refeições; inclusive, antes da refeição

eucarística. É a oração dos "filhos de Deus" que se dirigem ao "Pai".

253. Pode-se rezá-lo com os braços abertos e levantados, em atitude filial.

254. *Bênção e despedida* – Na bênção final, conviria mencionar também os padrinhos, usando para eles uma fórmula como esta:

> Deus Todo-poderoso, pelo Batismo, tornou-se nosso Pai e nos presenteou com uma grande família. Que ele abençoe os padrinhos dessas crianças, para que, ajudando seus pais e representando o compromisso de toda a comunidade com seus novos membros, levem seus afilhados a serem dignos de Deus.

255. Para encerrar a celebração, cante-se um hino de louvor, por exemplo: "O Senhor fez em mim maravilhas", durante o qual o celebrante poderá aspergir os participantes com água batismal, a fim de que se recordem de seu Batismo e de seus compromissos batismais.

256. A despedida final, em clima de festa, seja feita com palavras cordiais e espontâneas. Uma salva de palmas ou canto de parabéns pode expressar a alegria de todos.

257. *Consagração a Nossa Senhora* – A "consagração" a Nossa Senhora, que o Ritual põe como facultativa, por vezes assume, na mentalidade popular, uma importância tal que parece ter valor igual ao Batismo.

258. Alguns falam em padrinhos e madrinhas de consagração.

Para se chegar a certo equilíbrio, seguem algumas sugestões:

259. Acentuar que a verdadeira consagração a Deus e a Cristo é o Batismo.

260. Usar uma fórmula apropriada, em que Maria apareça como modelo de perfeição consagrada a Deus.

261. Realizar a consagração depois de toda cerimônia do Batismo, e não logo depois do Pai-Nosso.

262. Respeitar os costumes da religiosidade popular, deixando, por exemplo, que os pais levem a criança batizada até o altar de Nossa Senhora, ou, antes da despedida, rezando todos juntos a Ave-Maria.

3. Depois da celebração

263. Sugere-se que sempre se dê à família uma certidão de Batismo.

264. Como recordação do Batismo, pode-se entregar à criança ou aos pais um texto com uma pequena dedicatória, contendo, por exemplo, os pontos mais importantes da doutrina sobre o Batismo e suas consequências para a vida do cristão.

265. Para incentivar o espírito comunitário, sugere-se que a comunidade promova uma festa de confraternização depois do Batismo.

266. A celebração do aniversário do Batismo, à semelhança do aniversário natalício, teria um sentido muito cristão. A comunidade local, talvez em nível de comunidade de base, poderia, pelo menos, mandar um cartão de felicitações.

Conclusão

267. Apresentamos com este documento, aos pastores das nossas comunidades e a seus agentes de pastoral, de modo especial às equipes que ajudam os pais e padrinhos na preparação para o Batismo de crianças, subsídios teológico-pastorais para a celebração do primeiro sacramento. O documento será de proveito na medida em que poderá contribuir para uma melhor evangelização da sociedade brasileira, a partir da opção pelos pobres, como exige o Objetivo Geral da Ação Pastoral no Brasil, em sequência à III Conferência do Episcopado Latino-Americano em Puebla.

SUMÁRIO

APRESENTAÇÃO 3
   História 3
   O Documento 4
   Valor 5

INTRODUÇÃO 7
   1. Objetivos do presente documento 7
   2. Razão de ser da adaptação 8
   3. Situação da celebração do Batismo no Brasil 9
   4. Divisão do documento 11

I Parte

**SENTIDO TEOLÓGICO DO SACRAMENTO
DO BATISMO A PARTIR DO RITO** 13
   1. Ritos iniciais 13
   2. Liturgia da Palavra 20
   3. Liturgia sacramental 25
   4. Rito final 41

II Parte

SUGESTÕES PARA A PREPARAÇÃO DO BATISMO 43
   1. Preparação remota para o Batismo 43
   2. Preparação próxima para o Batismo 44
   3. Preparação e rito em etapas 46

III Parte

**SUGESTÕES PARA UMA CELEBRAÇÃO MAIS
ADEQUADA DO BATISMO** 49
   1. Observações prévias 49
   2. Os ritos do Batismo 56
   3. Depois da celebração 67
   Conclusão 68

Rua Dona Inácia Uchoa, 62
04110-020 – São Paulo – SP (Brasil)
Tel.: (11) 2125-3500
paulinas.com.br – editora@paulinas.com.br
Telemarketing e SAC: 0800-7010081